Jakob Lorber

Der Mond

Jakob Lorber

Der Mond

Originaltext in neuer Rechtschreibung

Project True-blue Jakob Lorber

Bibliografische Information der Deutschen Nationalbibliothek
Die Deutsche Nationalbibliothek verzeichnet diese Publikation
in der Deutschen Nationalbibliografie, detaillierte bibliografische
Daten sind im Internet über http://dnb.dnb.de abrufbar

Herstellung und Verlag
BoD – Books on Demand, Norderstedt
© 2021 Jakob Lorber

ISBN 9-783754-373316

Inhalt

Vorwort

Diese Jakob Lorber im Jahr 1841 vom Herrn geoffenbarten Beschreibungen des Mondes bilden den Auftakt für weitere und teils wesentlich ausführlichere Beschreibungen von Planeten, der Sonne und anderen Weltkörpern aus göttlicher Sicht. Obwohl die Ausführungen über den Mond recht kurz sind, werden Angaben gemacht, die von der Naturwissenschaft erst weit über hundert Jahre später bestätigt werden konnten, z. B. dass der Mond ein Kind der Erde ist, dass es Wasser auf dem Mond gibt und keine Vegetation auf der erdzugewandten Seite (was Wissenschaftler im 19. Jahrhundert annahmen). Andere Angaben − insbesondere jene über die natürliche Mondwelt auf der erdabgewandten Seite des Mondes und über die geistige Welt des Mondes − werden auf empirischem Weg allerdings schwerlich je eine Bestätigung finden, da sich diese Bereiche außerhalb der Wahrnehmung unserer groben Sinnesorgane und Messgeräte befinden. Ohne die Gnade Gottes oder eine fortgeschrittene Vergeistigung, welche uns eine weit bessere Sicht auf das Universum und seine zahlreichen Wunder erschließt, sind wir in dieser Hinsicht − wie übrigens in vielen anderen Bereichen auch − auf Berichte von Personen angewiesen, welche diese Welten kennen. Und wer könnte den Mond besser kennen als Gott? Offenbarungswerke allerdings erschließen sich nur jenen, deren Verständnis durch die Liebe Gottes im Herzen erleuchtet ist.

Die wichtigste Lektion des vorliegenden Büchleins besteht darin, den Mond als einen geistigen Korrektionsstaat unter der Leitung des Herrn vorzustellen, in den verweltlichte Erdenmenschen nach dem Ablegen ihres Leibes aufgenommen werden. Dies ist eine Warnung vor dem Materialismus, denn das natürliche und auch geistige Dasein auf dem Mond gestaltet sich äußerst beschwerlich. Dabei wird unter anderem aufgezeigt, wie der Herr weltzugewandte Menschen von einer bloß äußerlichen Gottesverehrung oder Religion zu einer innerlichen bringt, wo Gott im Geist und der Wahrheit angebetet wird und der Herr Selbst dann entweder direkt oder über einen Engel als Lehrer auftritt, wodurch der Mensch dann kirchlichen oder sonstigen Oberhäuptern leicht entbehren kann, besonders wenn diese nicht geistig sind. Dies allerdings ist nur ein Aspekt des Mondes, nämlich jener, der für uns Erdenmenschen am meisten zu berücksichtigen ist.

Der Text dieser Ausgabe wurde anhand der Erstausgabe aus dem Jahr 1852 sorgfältig überprüft, originalgetreu restauriert und in die neue Rechtschreibung übertragen. Im Anhang und im Internet unter www.jakob-lorber.at finden Sie weitere Details dazu.

Wolfgang Burtscher

Kapitel 1

Wesen und Bestimmung des Mondes

Am 1. Mai 1841

1. Nun, was den Mond betrifft, so ist dieser ein fester Weltkörper, mehr noch als eure Erde, und ist gewisserart ein Kind der Erde, d. h., er ist aus den Bestandteilen der Erde gebildet.

2. Er ist der Erde darum beigegeben, dass er die von der Erde ausströmende magnetische Kraft auffange und dieselbe dann nach Bedürfnis der Erde wieder zurückführe, aus welchem Grunde sein Lauf um die Erde auch ebenso ausschweifend ist. Denn dieser richtet sich allzeit nach der größeren oder kleineren Quantität der magnetischen Anwesenheit auf der Erde; und im Gegenteil aber richtet sich auch der Lauf des Mondes als Träger dieses Stoffes nach dem allfälligen Bedürfnis der Erde nach diesem natürlichen Lebensstoff. Das ist die Hauptverrichtung des Mondes.

3. Wenn ein Planet kleiner ist als die Erde, so braucht er keinen Mond, und die Stelle des Mondes vertreten da sehr hohe Gebirge, was z. B. bei der Venus, bei dem Merkur und bei dem Mars und noch einigen viel kleineren Planeten der Fall ist; aber was die größeren Planeten sind, die müssen mit einem oder auch mehreren Monden versehen sein, um ihrem Planeten den schon bekanntgegebenen Dienst zu leisten.

4. Aber auch im Mond, wie auf der Erde, gibt es Menschen und zahllose andere Geschöpfe, nur mit dem Unterschied, dass kein Mond fürs Erste auf der dem Planeten beständig zugekehrten ein und derselben Seite bewohnt ist, sondern allzeit auf der entgegengesetzten, weil er auf der dem Planeten zugekehrten weder mit Luft noch Wasser, noch Feuer nebst allem für das organische Leben Notwendigen vorfindlich versehen ist.

5. Ihr werdet fragen: Warum also? – Die Antwort: Weil kein Mond eine Bewegung um seine eigene Achse haben darf, – und das darum, weil die Anziehung der Erde oder überhaupt jedes Planeten in der Entfernung seines Mondes noch zu mächtig wirkend ist. Hätte nun der Mond eine Rotation um seine eigene Achse – und wäre diese noch so langsam –, so würde durch eine solche Rotation fürs Erste die anziehende Kraft des Planeten in dem Verhältnis verstärkt, in welchem Verhältnis des Mondes Rotation zur Rotation des Planeten stünde, d. h.: Wenn der Mond in seiner Rotation der Rotation der Erde sich zeitgemäß annähern möchte, dass er ungefähr sich in derselben Zeit um seine Achse drehte wie der Planet, so würde vermöge der dadurch wachsenden Anziehungskraft des Planeten sich bald ein Teil um den anderen vom Mond ablösen und zur Erde stürzen. Allein es wäre dem Mond mit einer so langsamen Rotation, wie sie der Planet hat, hinsichtlich auf die verhältnismäßige Verteilung der Luft, des Wassers und somit auch des Feuers sehr wenig gedient, und würde alles dieses noch so sein wie jetzt, nämlich auf der dem Planeten entgegengesetzten Seite. Denn das Wasser, die Luft und das Feuer müssen auf einem Weltkörper durch eine verhältnismäßige Geschwindigkeit durch die hervorragenden Berge herumgetrieben werden; ansonst würden diese fürs organische Leben so notwendigen Elemente auf der dem Zentralkörper entgegengesetzten Seite vermöge der Schwungkraft und ihrer eigenen flüssigen Schwere sich anhäufen.

6. Wenn aber solches der Fall wäre, da fragt euch selbst: Wer könnte da auf einem solchen Weltkörper leben? Er würde nur so lange leben, als er sich unter der Luft- und Wasserschicht befinden würde; wenn aber der Planet sich aus dieser hinausdrehen möchte, so müsste er notwendig in dem luftleeren Raum ersticken, wenn er nicht schon früher unter der Wasserschicht ersoffen wäre.

7. Nun seht, das wäre auch bei dem Mond der Fall, hätte er eine nur so langsame Rotation wie die Erde. Er müsste, um die Luft und das Wasser und Feuer gehörig zu verteilen auf seiner Oberfläche, eine fünfmal schnellere Drehung um seine Achse haben, d. h.: Er müsste sich in vierundzwanzig Erdstunden fünfmal um seine eigene Achse drehen, welches dann nichts anderes als die schon nach fünf Jahren gänzliche Vernichtung des Mondes zur Folge hätte, und die Erde wäre übersät mit lauter Mondpartikeln. Welchen Effekt aber die vom Mond auf die Erde aufstürzenden Massen hervorbringen würden, das brauche Ich euch gar nicht näher zu bestimmen, sondern sage nur so viel, dass da niemand am Leben bleiben würde.

8. Wenn ihr dieses ein wenig verständig beachtet, so werdet ihr wohl begreifen, warum der Mond keine Rotation hat, daher auch stets nur ein und dieselbe Seite der Erde zukehrt.

9. Damit ihr aber den Mond und seine Bewohnbarkeit vollends begreift, so müsst ihr wissen, dass der Mond eigentlich nur auf der dem Planeten zugekehrten Seite Mond ist; auf der entgegengesetzten aber ist er nicht Mond, sondern ein ganz fester Erdteil. Was also Mond ist, das ist nicht fest, sondern sehr locker, beinahe so wie ein etwas gefesteter Schaum des Meeres, dessen festere Teile gleich Bergen hervorragen, die weicheren Teile aber nischen- und trichterartig gegen das Zentrum des ganzen Weltkörpers eingesunken sind, in deren einigen sich noch nicht weichen können atmosphärische Luft befindet, welche sich, durch starke Fernrohre betrachtet, fast so ausnimmt, als wäre sie ein Wasser. Alle Höhepunkte, wie auch die weniger tiefen Trichter, haben durchaus keine atmosphärische Luft, sondern bloß nur Äther, wie er sich in den freien Räumen zwischen der Sonne und den Planeten vorfindet. Diese Seite des Mondes ist daher auch von keinem organischen Wesen bewohnt, sondern ihre Bewohner sind geistiger Art. Diese geistigen

Bewohner waren bei Leibesleben lauter Weltsüchtige und werden nun zur Besserung dahin gebannt, damit sie sich auf diese Art an der Welt noch hinreichend vollgaffen können. Und wenn sie dann nach bedeutenden Zeitlängen gewahr werden, dass die Weltangafferei keine Früchte trägt und sie den dahin gesendeten Lehrern Gehör leihen, so werden die Tatwilligen alsobald von da zu einer höheren, beseligenden Freiheitsstufe geführt; die weniger Folgsamen aber werden auf der Erde des Mondes wieder mit Leibern angetan und müssen sich da sehr armselig und kümmerlich durchbringen. Denn sie haben da fürs Erste mit der größten Kälte und Finsternis zu kämpfen, im Gegenteil aber dann auch mit einer unerträglichen Hitze; denn da dauert die Nacht beinahe vierzehn volle Erdtage und ebenso lang auch wieder der Tag. Gegen das Ende einer jeden Nacht wird es dort so kalt wie auf der Erde am Nordpol, und um die Mitte und gegen das Ende des Tages wird es so heiß, dass da kein lebendes Wesen auf der Oberfläche es aushalten kann.

10. Diese Bewohner, wie auch alle anderen organischen Wesen, hausen da in der Erde. In dieser unterirdischen Wohnung müssen sie sowohl die Hälfte des Tages über zubringen als auch über die Hälfte der Nacht; es gibt daher auch dort keine Häuser und Städte so wie bei euch, sondern die Wohnungen sind in den Tiefen der Monderde, hie und da auch in Gebirgsklüften und Höhlen.

11. Es gibt dort keine Bäume, die da Früchte tragen möchten, sondern nur Wurzelgewächse, wie z. B. bei euch die Erdäpfel, Rüben, Möhren und dergleichen. Diese Gewächse werden im Anfang des Tages angepflanzt und zu Ende des Tages vollends reif. Im Anfang der Nachtdämmerzeit kommen die Menschen aus ihren Höhlen hervor und ernten diese Früchte und bringen sie alsbald in ihre unterirdischen Wohnungen, wovon sie sich dann durch die Nachtzeit ernähren, wie auch durch den ganzen folgenden Tag.

12. Von den häuslichen Tieren ist bloß eine Art Erdschaf zu bemerken, welches diesen Bewohnern das ist, was das Rentier den Nordländern.

13. Es gibt noch sowohl in den Flüssen und Seen, die auf der Monderde ziemlich häufig vorkommen, eine Menge Wassertiere, wie auch einige kleine Arten von Vögeln – nicht unähnlich euren Sperlingen –, wie auch ganze Heere von Insekten und anderen ein-, zwei-, drei- und vierfüßigen Erdtierchen, deren Zweck und nähere Beschreibung ihr bei einer anderen Gelegenheit vernehmen werdet. Vorderhand genüge euch das Gesagte.

14. Vorzüglich aber hütet euch, Meine Lieben, davor, dass ihr nicht auch dereinst Bewohner dieses armseligen Weltkörpers werden mögt! Denn dieses gelb schimmernde Schulhaus des Lebens ist gar ein mühseliges Schulhaus, und es wäre besser, auf der Erde in einem Tag vierzehnmal zu sterben, als dort nur einen Tag lang zu leben; denn die Bewohner sind dort viel schlechter daran als die hier in den Friedhöfen Begrabenen. Denn diese wissen nicht, dass sie begraben sind; aber die Bewohner des Mondes müssen in ihren Gräbern leben, werden dort auch oft in ihren unterirdischen Behausungen entweder durch Einstürze oder durch plötzliche Wasserüberflutungen begraben.

15. Was noch fernere bemerkenswerte Erscheinungen sowohl der Monderde und deren Bewohner anbelangt, so werde Ich euch dieses bei einer nächsten Gelegenheit kundgeben. Für jetzt aber denkt über das Gesagte nach und seht vorzüglich darauf, dass ihr den Frühling eures Lebens wohl erkennt und benützt, – so werdet ihr selbst an dem Mond, wenn dieser vollends vor euch enthüllt wird, ein ganz bedeutendes Zeichen des Menschensohnes am Himmel erblicken. Amen. Das sage Ich zu euch, nun kommend auf den Wolken des Himmels. Amen, amen, amen.

Kapitel 2

Die Mondmenschen

Am 8. Mai 1841

1. Was die Menschen im Mond betrifft, so sind sie, wie auf der Erde, beiderlei Geschlechts, wurden aber erst um tausend Jahre später durch einen bevollmächtigten Engel erschaffen.

2. Was ihre natürliche Größe anbelangt, so sind sie nur etwas über zwei Schuhe groß und haben viel Ähnlichkeit mit den nordischen Zwergen. Sie haben einen sehr großen Bauch, der bei ihnen eine doppelte Verrichtung hat: die eine zur Verdauung der Speisen durch den gewöhnlichen Speisemagen, die andere vermöge eines zweiten Magens zur Ansammlung einer Art leichten Gases, welches ihnen einen dreifachen Vorteil gewährt.

3. Denn fürs Erste macht es sie leicht, dass sie wegen des Mangels an Bauholz, vermöge dessen sie keine Brücke über die Flüsse erbauen können, sehr leicht über jeden Fluss hinwegspringen können. Und sind Flüsse von großer Breite oder auch hie und da Binnenmeere vorhanden, so können sie, einem Fisch gleich, leicht über die Oberfläche hinwegschwimmen. Das ist also der erste Vorteil dieses Magens.

4. Was den zweiten Vorteil betrifft, so besteht dieser darin, dass sie durch das Ausstoßen dieser Luft eine Art Knalltöne hervorbringen, vermöge welcher sie sich gegenseitig ihre Gegenwart in den unterirdischen Gemächern kundgeben. Auch benützen sie diese Luft zur stärkeren Außensprache, welche freilich nur im höchsten Grad mager ist; denn ihre Lungensprache ist äußerst schwach und still, und diese Sprache führt dann nur der in den Mondmenschen zur Besserung eingeschichtete Geist. Der eigentliche Mondmensch hat anfänglich einen Abscheu vor

dieser Sprache; wenn aber der Geist nach und nach besser wird, so befreundet sich dann die Seele des Mondmenschen mit dem zu bessernden, innewohnenden Geist eines Erdmenschen, bis endlich die Seele des Mondmenschen mit dem gebesserten Geist vollkommen eins wird, welcher Zustand dann auch den meistens schmerzlosen Tod des Mondmenschenleibes herbeiführt.

5. Ein dritter Vorteil dieser Magenluft ist der, dass sie sich durch ein häufiges Ausströmenlassen in der kalten Nachtzeit ihre unterirdischen Höhlen erwärmen, welches auf folgende Art geschieht: Da ihre Wohnhöhlen fast so aussehen oder vielmehr von innen also ausgehöhlt sind, dass sie beinahe einer stumpfen, großen Glocke gleichen, deren Eingang aber vom Boden aus durch eine Art Treppe bewerkstelligt ist, so sammelt sich dann diese ausgestoßene, leichte Luft unter dieser luftdichten Wohnglocke und macht ihre Wohnung erträglich warm und hindert das freie Einströmen der äußeren, überaus schwerkalten atmosphärischen Luft. Diese wird nur insoweit von diesem leichten Gas aufgenommen, als es zum physischen Leben unumgänglich nötig ist. Denselben Zweck hat diese Magenluft auch in den unerträglich heißen Tagesperioden, in welchen sich diese Mondmenschen ebenfalls unter die Erde begeben müssen, nur mit dem Unterschied, dass dieses Gas durch die Einwirkung des Speisemagens in ein kühlendes Sauerstoffgas verwandelt wird, wodurch es dann auch ihre Glockenwohnung bei mehrfältigem Ausstoßen vor dem Eindringen der heißen Luft schützt. Das ist also der dritte Vorteil dieses Windmagens.

6. Eine andere Eigentümlichkeit dieser Menschen ist folgende, dass ihr Auge von doppelter Eigenschaft ist. Die erste Eigenschaft ist die des Schauens, wie bei euch. Die zweite Eigenschaft aber ist diese, dass ihr Auge in ihren finsteren Gemächern ihnen auch zur Leuchte dient, welche Eigenschaft selbst auf der Erde, sowohl bei gewissen Tieren als auch

in manchen Gegenden bei Menschen angetroffen wird, und zwar bei denjenigen, deren Augenpupille rot ist wie bei den Kaninchen. Eine noch andere Eigentümlichkeit bei diesen Menschen ist das überaus scharfe Gehör, vermöge welchem sie das leiseste Geräusch von einer bedeutenden Ferne ganz leicht zu vernehmen imstande sind, weshalb denn auch ihre Ohrentrichter bedeutend größer und kompakter sind.

7. Das männliche Geschlecht ist viel stärker denn das weibliche; aber nicht in dem Erdverhältnis, sondern in einem solchen, wie die Kraft eines zehnjährigen Kindes sich verhält zur vollen Manneskraft. Daher sind auch diese Mondmänner von der größten Zärtlichkeit gegen ihre Weiber und tragen dieselben im buchstäblichen Sinne nicht nur auf den Händen, sondern also auf den Achseln, dass die Füße an beiden Seiten des Halses auf der Brust herabhängen, aus welchem Grunde dort auch immer zwei Menschen übereinander gesehen werden.

8. Das Weib darf dort beinahe gar keine Arbeit verrichten und wird vom Mann gefüttert, und so zwar, dass der Mann sogar die Speise eher recht durchkaut und dieselbe dann von seinem Mund in den des Weibes gibt. Von seinen Achseln kommt sie außer der Wohnung nur bei Gelegenheit der Notdurft und in ihrer hohen Schwangerschaft, wenn sie der Entbindung nahe ist. Ein Weib gebiert alldort für ihr ganzes Leben nur zweimal, einmal am Tag und einmal in der Nacht, bringt aber allzeit vier lebendige Kinder zur Welt, und zwar am Tag vier Männlein und in der Nacht vier Weiblein. Die Kinder können alsobald gehen, und es werden die Männlein auch alsobald angewöhnt, das Weiblein zu tragen. Dass dort die Kinder auch manchmal schon als Kinder sterben, ist eine ebenso natürliche Sache wie auf der Erde. Von fremden Geistern werden sie erst dann eingenommen, wenn sie hundert Tage und darüber alt sind.

9. Alle diese Mondmenschen haben ein zweites Gesicht und werden von innen aus von den dahin beschiedenen Engelsgeistern in der

Erkenntnis Gottes unterrichtet. Und der Unterricht, den sie da erhalten von den Engelsgeistern, ist zugleich auch ein Unterricht für den innewohnenden Erdmenschengeist, und so ergänzt dann die Mondmenschenseele den Schaden, welchen ein Mensch auf der Erde durch seine übertörichte Weltsüchtigkeit an seiner Seele erlitten hat. Und so hat dann ein solcher im Mond hart gebesserter Mensch eine geflickte Seele und wird sich eben dadurch ewig von den vollkommen reinen Geistern unterscheiden und wird nie in ihre freien Gesellschaften treten können, sondern sich zu ihnen geradeso verhalten wie der Mond zur Erde, der zwar die Erde beständig begleitet, sich aber ihr doch nie nähern kann wie ein Freund seinem Freunde.

10. Allein diejenigen Geister, bei denen es nicht nötig war, in einen Mondmenschen eingelegt zu werden, dass sie sich besserten, sondern die als Geister schon einen allerbarsten Abscheu vor der Erde bekamen, werden von da weg in höhere Regionen geführt und können in das Kinderreich, als die höchste Seligkeitsstufe für sie, aufgenommen werden. Jedoch höher zu gelangen, wäre für sie unmöglich; denn ihre beschränkte Eigenschaft wäre nicht fähig, einen höheren Zustand zu ertragen, sowenig als ein Mensch auf der Erde, solange er noch im Leibe lebt, im feinsten Äther lebend aushalten könnte.

11. Seht, das ist das Los der besten weltgesinnten Menschen. Denn wer der Welt aus Liebe zu Mir nicht freiwillig entsagt, sondern das Welttümliche durch solche außerordentliche Zwangsmittel von ihm ausgetrieben werden muss vermöge Meiner großen Erbarmung, der hat nicht frei gehandelt; wer aber nicht frei handelt, der handelt wie ein Sklave. Wer aber kann die gezwungene Handlung eines Sklaven als eine eigenverdienstliche ansehen? Wenn aber der Sklave seine ihn nötigende Bedingung erfüllt, so ist seine Handlung dessen ungeachtet so viel wert,

dass man ihm ein Brot zur Nahrung reicht, damit er auch lebe, insoweit er gewisserart notgedrungen willig gearbeitet hat.

12. Aus diesem werdet ihr nun vollends abnehmen können, warum solche Wesen keiner höheren Seligkeit fähig sind als die Kinder im Übertritt aus dem [irdischen] Leben in das geistige, wonach sie selbst noch nichts als Sklaven des blinden Gehorsams sind und auch sein müssen.

Kapitel 3

Die Tiere des Mondes

Am 9. Mai 1841

1. Was die Tiere betrifft, so gibt es derselben, wie schon im Anfang bemerkt wurde, so wie auf der Erde viele Arten und Klassen, sowohl in der Luft, Monderde und im Wasser.

2. Unter allen diesen Tieren ist nur eine zahme Gattung unter dem Namen – nach eurer irdischen Sprache – „Mondschaf"; alle anderen Gattungen sind nicht zahm, d. h., sie befinden sich nicht dienstbar in der menschlichen Gesellschaft. Dieses Mondschaf ist – wie schon bemerkt – den Mondbewohnern das, was das Rentier den nordischen Völkern ist. Seine Gestalt ist folgende: Der Leib ist ganz vollkommen rund wie ein gefüllter Mehlsack. Dieser Leib wird von vier Füßen getragen, welche nicht länger als eine Spanne sind, und sind versehen mit vier Klauen. Der Kopf ist vollkommen einem Erdschaf ähnlich und sitzt auf einem eine Elle langen und eine Viertelelle von oben nach unten breiten Hals. Es hat zwei lange Ohren, ähnlich denen eines Esels. Auf dem Kopf trägt es nur ein Horn, welches nach allen Richtungen mit fingerlangen, sehr spitzigen Auswüchsen versehen ist. Ferner noch hat es einen löwenartigen Schweif, welcher am Ende mit einem reichen Haarbüschel versehen ist. Seine Farbe ist weiß, und mit Wolle – gleich euren Schafen – ist der ganze Tierleib versehen.

3. Nun, was ist wohl seine Nützlichkeit? Seine Nützlichkeit ist für den Mondbewohner von der größten Bedeutung. Denn fürs Erste nährt es ihn mit seiner reichlichen, goldgefärbten Milch. Fürs Zweite bereitet der Mondmensch aus dessen reichlicher Wolle alle seine Kleidung, welche in einer Art Hemd und Mantel besteht und ist gleich beim männlichen

und weiblichen Geschlecht. Fürs Dritte lockert es mit seinem Horn die Erde auf, und die Menschen werfen dann den Samen ihrer Wurzelfrüchte in das aufgelockerte Erdreich, welche Früchte dann – wie schon gesagt – in der kurzen Zeit von euren vierzehn Tagen zur vollen genussbaren Reife gelangen. Ein solches Tier wird nicht selten dreihundert Mondtage alt. Wenn es aber stirbt, so wird ihm das Fell abgezogen und wird zu Betten verwendet in den unterirdischen Gemächern; das Fleisch aber wird auf einen Insektenhaufen geschleppt, welche Insekten euren Ameisen nicht unähnlich sind. Diese Insekten verzehren in kurzer Zeit alles Fleisch von den Knochen. Wenn nun dieser Akt vor sich gegangen ist, alsdann kommen wieder die Menschen und nehmen die Knochen samt dem Horn mit sich und verfertigen ihre nötigen Werkzeuge daraus. Das ist die gesamte Nützlichkeit dieses zahmen Tieres.

4. Es gibt noch eine Menge Tiere auf der Monderde, welche mehr oder weniger Ähnlichkeit mit den Tieren der Erde haben; nur sind sie alle viel kleiner als die Tiere auf der Erde und auch sämtlich kleiner als das schon bekannte Schaf, welches alldort auch gleichsam der König unter den Tieren ist. Aus allen den Monderdtieren sind besonders zwei bemerkenswert, d. h. neben dem Schaf, und das ist fürs Erste der dreifüßige Maulaffe und fürs Zweite der einfüßige Ducker und Springer.

5. Der dreifüßige Maulaffe ist von der körperlichen Größe einer Katze. Sein Kopf gleicht dem eines Erdaffen, nur mit dem Unterschied, dass sich sein Maul bis auf den halben Hals spaltet. Seine zwei vorderen Füße gleichen vollkommen den Affenpfoten; was aber seinen einzelnen Hinterfuß betrifft, so gleicht dieser einem Elefantenrüssel und kann bis auf eine Spanne zusammengezogen werden – allwann er auch zum ganzen Tier ganz unverhältnismäßig dick wird –, kann aber im entgegengesetzten Falle zu einer Länge von drei Klaftern ausgedehnt werden.

6. Ihr werdet nun freilich fragen: Wozu eine so sonderbare Gestalt einem Tier? – Allein es soll nicht schwer werden, euch dieses Rätsel zu lösen. Seht, wie schon bekannt, ist die Temperatur des Mondes eine ganz andere als die Temperatur der Erde; denn im Verlaufe eines Zeitraumes von nahe achtundzwanzig Tagen der Erde wird die Monderde von klaftertiefem Schnee überdeckt, darauf in den nächsten sieben Erdtagen oft nach allen Richtungen überschwemmt und wieder bald darauf von einer unausstehlichen Sonnenhitze heimgesucht.

7. Nun seht, dieses erwähnte Tier muss seiner Bestimmung wegen sich mit seinem Kopf stets in der atmosphärischen Luft befinden, daher es eben dieses rüsselartigen Fußes bedarf; denn zur Zeit der Nacht oder des Winters steht es auf seinem verlängerten Fuß, über die Oberfläche des Schnees hinausreichend, lockt da eine Gattung Nachtvögel, welche den kleinen Erdfledermäusen nicht unähnlich sind, in seine Nähe, fängt sie da oder lässt sie vielmehr in sein weit aufgesperrtes, wohltätige Wärme hauchendes Maul fliegen und verzehrt sie da auch alsobald. Seht, das ist die eine Bestimmung dieses langen Fußes.

8. Wenn aber der Schnee zu schmelzen hat angefangen, und das Wasser oft mehrere Schuh hoch die meilenweiten Ebenen, welche auch auf der bewohnbaren Seite des Mondes von hohen Gebirgsringen umfasst sind, überdeckt, alsdann muss dieses Tier ja wieder vermöge dieses Hinterfußes mit seinem Leib über die Oberfläche des Wassers reichen, damit es nicht ersäuft. Zur Zeit der Tageshitze aber begibt es sich in die Flüsse und steht da oft mehrere Tage lang also im Wasser, dass es mit dem Kopf und den zwei Pfoten außer der Oberfläche des Wassers sich befindet. Steigt das Wasser, so verlängert es seinen Fuß, und fällt dasselbe, so macht es den Fuß in dem Verhältnis eben auch kürzer, und versiegt ein solcher Fluss oft ganz, alsdann bewegt es sich also weiter, dass es sich durch die möglichste Verlängerung des Hinterfußes

vorwärtsschiebt. Dann hält es sich mit den Vorderfüßchen so lange fest an irgendeinem Erdgegenstand, bis es den Rüsselfuß vollends an sich gezogen hat, allwann es dann wieder die vier langen Zehen am Ende des Hinterfußes in die Erde gesteckt hat, und sodann wieder den ganzen Leib ziemlich behände vorwärtsschiebt. Diesen Gang geht es so lange fort, bis es wieder ein Wasser erreicht hat, wo es dann schnell wieder sich mit dem Hinterfuß in dasselbe auf die früher erwähnte Art begibt. Seine Nahrung am Tag ist eine Art von fliegenden Krebsen, die euren sogenannten Hirschkäfern nicht unähnlich sind.

9. Was den sogenannten Springer und Ducker, der im Besitz nur eines Fußes ist, betrifft, so ist dieses Tier nichts anderes als eine Abart des schon bekannten Maulaffen; nur besitzt es bei weitem mehr Elastizität als der Fuß des Maulaffen, aus welchem Grunde seine Fortbewegung auch eine springende ist. „Ducker" heißt er darum, weil er sich so zusammenzuziehen imstande ist, dass da in seinem Duckzustand er das Aussehen hat, als läge ein mittelgroßer Laib Brot auf der Erde. Wenn er aber dann springen will, so dehnt er sich plötzlich zu einer Länge von fünf Ellen aus. Durch dieses plötzliche Ausdehnen wirft er sich dann zu einer Höhe von zwei bis drei Klaftern – und das zwar allzeit in einer bogenartigen Richtung – vorwärts, so dass ein solcher Sprung nicht selten eine Weite von sechs bis sieben Klaftern erreicht. Dieses Springen setzt dieses Tier oft sehr schnell nacheinander fort und macht, besonders am Tag, eine so schnelle Bewegung, dass es jeden Vogel in der Luft einholt. Seine Nahrung ist gleich der des Maulaffen, und so auch seine Wohnung. Und so bewohnen solche Tiere nebst noch vielen anderen nur die Ebenen und kommen mit den Menschen in gar seltene Berührung, weil diese nur auf den Gebirgstriften wohnen.

10. Auf den Bergen aber findet sich außer dem bekannten Schaf und den ameisenartigen Insekten nur noch eine bedeutende Anzahl kleiner

Vögel vor, deren größte kaum die Größe von euren Sperlingen erlangen; die kleinsten aber sind kaum etwas größer als die Fliegen bei euch.

11. Die Wässer sind ebenfalls belebt von allerlei Gattung Fischen, Würmern und vorzugsweise sehr vielen Krebsen, davon schon früher eine fliegende Gattung erwähnt wurde. Auch gibt es Schaltiere wie in den Meeren der Erde. Aus den Schaltieren ist vorzugsweise die sogenannte blaue Kugel merkwürdig, weil das ein Tier ist, das seinesgleichen auf Erden nicht findet. Diese blaue Kugel kann sich in zwei Halbkugeln teilen, welche mit kleinen Muskelbändern aneinanderhängen. Es nährt sich auf diese Art, dass es Würmer zwischen seinen beiden Halbkugeln zerquetscht, den Saft in sich saugt und die Larven dann wieder mit dem Wasser wegspült. Diese blaue Kugel, welche die Größe von einer großen Melone hat, hat diese Eigenschaft, dass sie zur Nachtzeit einen so starken Glanz auf ihrer Oberfläche bietet, dass dadurch die Flüsse und Seen einen viel helleren Schimmer bekommen als das Meer der Erde unter den Wendekreisen; denn ihr werdet wohl noch nicht wissen, dass das Meer unter den Wendekreisen der Erde so stark leuchtet wie in eurer Gegend der Schnee bei vollem Mond; gerade so, seht, leuchtet auch das Meer unter den Wendekreisen.

12. Alle übrigen Tiere des Mondes würden für euch weniger von irgendeinem Interesse sein, da sie fürs Erste mehr oder weniger Ähnlichkeit mit den Tieren der Erde haben – nur dass sie im Verhältnis viel kleiner sind – und fürs Zweite, weil ihr deren geistige Bestimmung für jetzt noch unmöglich erfassen könntet; und könntet ihr sie auch erfassen, so würde sie euch ebenso wenig nützen wie der Schnee, welcher tausend Jahre vor Adam auf die Erde gefallen ist.

Kapitel 4

Die erdzugewandte Mondoberfläche

Am 11. Mai 1841

1. Nachdem wir all die Einwohner dieses Weltkörpers haben kennengelernt, wollen wir noch seine beiderseitige Oberfläche ein wenig näher beschauen.

2. Was die der Erde zugekehrte Seite betrifft, so könnt ihr dieselbe vermöge einer gut vergrößernden Augenwaffe schon ganz wohl erkennen, dass dieser Weltkörper keine ebene Oberfläche, sondern eine sehr gebirgige zum Beschauen darbietet, und ist von der Erde nur dadurch unterschieden, dass er fürs Erste keine Wasseroberfläche zeigt und fürs Zweite, dass seine Gebirge nicht so wie die der Erde strahlenmäßig oder kettenförmig von den bedeutendsten Höhepunkten auslaufen, sondern als Ringe nur sich darstellen, indem sie dadurch größere oder kleinere Flächen einschließend umfangen. Es gibt zwar wohl auch einzelne Gebirgszüge, welche denen der Erde gleichen, sowohl in Hinsicht der Strahlen- wie auch der Kettenform; allein sie sind viel seltener, und es sind die in Strahlenform auslaufenden eigentlich keine Gebirgsrücken, sondern eine ununterbrochene Reihe von kleinen Ringwällen, deren Durchmesser kaum mehr als dreißig Klafter ausmacht. Solch kleine Ringwälle laufen dann, zu vielen Tausenden aneinandergereiht, in einer geraden Linie fort, und zwar von irgendeinem großen Ringwall bis wieder irgend hin zu einem größeren oder ebenso großen oder öfter auch kleineren Ringwall und bilden auf diese Weise gewisserart Straßen zwischen all den Ringwällen. Wenn ihr durch irgendein mehr vergrößerndes Rohr diesen Weltkörper beobachten wollt, so werdet ihr diese Ausläufer als eine Art heller, schimmernder Strahlen entdecken und sehen, wie sie

von einem noch helleren und auch höheren Punkt nach allen Richtungen sich ausbreiten. Ihre zellenartige Anreihung hat manche Astronomen auf die irrige Meinung gebracht, dass sie vorgaben, Vegetation alldort entdeckt zu haben, während sie doch auf der ganzen der Erde zugekehrten Seite nicht zu entdecken ist und auch unmöglich je zu entdecken ist und sein wird, weil es alldort keine gibt. Ebendasselbe ist auch der Fall mit den noch seltener vorkommenden kettenartigen Gebirgszügen, da sie entweder selbst aus lauter solchen Ringwällen bestehen, welche gleich unförmlichen Zuckerhüten aneinandergereiht sind, und haben auf ihren Spitzen kleine, ringförmige Vertiefungen; oder solche aneinandergereihte, klippenartige Aufdämmungen umfangen eine größere, oft über fünfzig Meilen weite Fläche, welche selbst aus lauter größeren und kleineren Ringwällen besteht, in welchen selbst oft noch einzelne Stumpfkegel mit kleinen, ringartigen Vertiefungen vorkommen; ja selbst die kleinen Wälle und Abdachungen der Kegel sind oft noch mit solchen kleinen Ringwällen versehen.

3. Nun möchtet ihr wohl wissen, wozu dies alles auf einer unbewohnten Weltkörperoberfläche!

4. Wie wär's denn, so Ich euch fragen möchte: Wozu all die Pünktchen, Härchen und allerverschiedenartigsten Einkerbungen bei all den Laubblättern der Bäume, Gesträuche und Pflanzen, und dergleichen Varietäten bei all den übrigen Gegenständen der belebten und unbelebten Schöpfung? – Seht, da gäbe es gar vieles zu erklären, besonders wenn ihr dazu noch bedenkt, welch eine unberechenbar großartige Bedeutung ein einzelnes Härchen auch nur einer allerunbedeutendsten Moospflanze in sich birgt!

5. Seht, also ist es wohl auch umso mehr mit einer halben Oberfläche eines ganzen Weltkörpers der Fall; daher kann Ich euch darüber nur etwas im Allgemeinen sagen, und so sind denn all diese Ringwälle auf

der Mondoberfläche fürs Erste zur Aufnahme des Erdmagnetismus so gestellt, dass die Ränder der Wälle gewisserart Sauger dieses imponderablen Fluidums sind; und fürs Zweite aber sind dann die verschiedenartigen Vertiefungen Aufnahmegefäße für eben dieses Fluidum. Warum nicht alle von gleicher Größe und Tiefe sind, dafür liegt darin der Grund, weil diese Kraft eben so verschieden ausgeteilt werden muss, damit dann aus dem Durchschnitt solcher höchst genauen Verteilung jene wohlabgewogene Proportion also bewerkstelligt wird, dass ihr zufolge die ordnungsmäßige Erhaltung und Bewegung zweier sich gegenüberstehender Weltkörper unabänderlich getroffen werden. Seht, das ist im Allgemeinen eine Bestimmung der euch etwas sonderbar vorkommenden Bildung der Mondoberfläche.

6. Eine zweite Bestimmung fast aller dieser Vertiefungen ist diese, dass in denselben, zur notwendigen Erhaltung all dieser Gebilde, beständig atmosphärische Luft sich vorfindet und erhalten wird gleich dem Wasser in den Vertiefungen der Erde. Ihr werdet fragen, woher diese Luft komme!? Und Ich sage euch: Daher die der Erde [kommt], nämlich aus der großen Vorratskammer des unendlichen, überall mit Licht und Äther erfüllten Raumes. Zur Nachtzeit – d. h., wenn die der Erde zugekehrte Seite ohne Licht ist – füllen sich diese Vertiefungen voll an mit atmosphärischer Luft. Kommt dann das Sonnenlicht nach und nach darüber, so bildet sich in diesen zahllosen Kesseln ein äußerst reichlicher Tau als Niederschlag der darinnen enthaltenen atmosphärischen Luft. Dieser Tau befestigt dann von neuem wieder alle Teile der Mondoberfläche und sickert sich auch als reines Wasser durch den ganzen Mondkörper hindurch, zur Unterstützung der jenseitigen Wasserquellen und daraus zur Bildung der Dünste und permanenten Luftschichten. Seht, das ist also eine andere Hauptbestimmung dieser euch sonderbar vorkommenden Mondoberflächenformation.

7. Möchtet ihr wohl glauben, dass all dieses Kesselgebilde der Oberfläche des Mondes noch eine dritte Hauptbestimmung zulässt?

8. O ja, sage Ich. All diese Kessel sind auch Wohnungen für jene zu bessernden Geister, welche aus dem ersten Grad der Hölle gerettet werden durch die dahin gesendeten Lehrer aus der besseren und reineren Geisterwelt mit öfterer Unterstützung aus dem ersten Himmel.

9. Wenn diese Geister dahin gebracht werden, so wird ihnen aus dieser in den Kesseln befindlichen Luft ein ihr ähnlicher Leib wiedergegeben, vermöge welchem sie sowohl Geistiges wie auch – nach dem Bedürfnis ihrer Besserung – Materielles zu schauen imstande sind.

10. Wenn sie dahin gelangen, so bewohnen sie zuerst jene Stellen dieses Weltkörpers, welche die tiefsten und für euer Auge zugleich die dunkelsten sind. Wenn sie sich bessern, so wird ihr grober Luftleib immer in einen feineren verwandelt, vermöge welchem sie dann auch in einen höherliegenden Kessel kommen, und es kommen in die kleinen nur einzelne und in die größeren Gesellschaften Gleichgesinnter.

11. Zwei Punkte von besonderer Helle werdet ihr auf der Oberfläche entdecken, und zwar den hellsten in der unteren südlichen Gegend und den kleineren, etwas weniger hellen, mehr in der nördlichen Hälfte. Diese zwei Punkte sind die Erlösungspunkte, und zwar der südliche, von dem die meisten lichten Strahlen sich ausbreiten, für diejenigen, welche nicht nötig hatten, in den Leibern der Mondmenschen ausgeflickt zu werden, – und der nördliche für jene, welche nicht auf einem anderen Weg von ihrer Erdliebe zu heilen waren denn durch eine höchst marterliche Einschichtung in den allerarmseligsten Leib eines Mondmenschen, von wo aus sie dann erst wieder als Geister zum zweiten Mal in die luftigen Kessel der euch sichtbaren nördlicheren Oberfläche des Mondes gebracht werden und von da emporrücken nach und nach zu dem schon erwähnten nördlichen Befreiungspunkt.

12. Ihr müsst euch aber nicht denken, dass eine solche Reise durch diese Behälter so leicht und geschwind geht, als ihr sie vielleicht von Geistern erwartet. Fürs Erste geht sie sehr schwer; denn sooft ein Geist höherrückt, muss er in seinem früheren Kessel also absterben, wie jeder von euch auf der Erde einmal leiblich sterben muss. Und dieses Sterben ist auch allzeit mehr oder weniger schmerzlich und stets begleitet von dem Gefühl der Möglichkeit einer ewigen Zunichtewerdung. Denkt euch, dass ein solcher Geist oft mehrere Tausende von solchen Kesseln zu passieren hat und dass er in einem solchen Kessel oft einen Monat, oft ein halbes Jahr, ja oft ein ganzes Jahr und darüber verweilen muss, so werdet ihr euch auch von der Geschwindigkeit einer solchen Wanderung einen Begriff machen!

13. Seht, es gibt noch Geister aus den Zeiten Abrahams auf diesem Weltkörper, die mit ihrer Reise noch nicht über drei Vierteile zu Ende sind. Was könnt ihr erst von jenen denken, die, während ihr da schreibt, dahin gelangen!

14. Seht, das ist nun alles, was für euch zu wissen nicht unnötig ist. Alles Übrige, vom Kleinsten bis zum Größten, werdet ihr, wenn ihr Mich liebt über alles aus allen den Kräften, die Ich euch verliehen habe, dass ihr Mich lieben möchtet, dann dadurch in einem vollkommeneren Geisteszustand von Punkt zu Punkt in Meiner Gnade hellstem Licht erschauen. Und so ist es auch nicht nötig, euch mehreres von der bewohnten Seite dieses Weltkörpers kundzugeben, nachdem dieselbe in plastischer Hinsicht ohnehin der unbewohnten Seite völlig gleich ist, nur dass dort Materielles obwaltet wie hier Geistiges.

15. Dass die Tier- und Pflanzenwelt zur stufenrechten Bildung der Mondmenschenseele vollkommen entspricht den auf dieser Seite abgelegten Luftleibern der Geister, welche – wie schon früher erwähnt wurde – mittels des Wassers durch den ganzen Mondkörper gewisserart

mit durchgesickert werden, und dass dieselben dann auf der mageren Stufe der Vegetation und so fort durch die ganze Reihe der Tierwelt wieder zum Ort ihrer Bestimmung gelangen, werdet ihr alles erst eben auch in dem vollkommeneren Geisteszustand auf dem Weg Meines Gnadenlichtes wohl unterscheidend erschauen und erkennen.

16. Schließlich sage Ich euch, dass Ich es bin, der euch alles dieses kundgibt. Auch euch verrate Ich Mich Selbst, wie Ich Mich dereinst in dem Garten Gethsemane den Juden, Hohepriestern, Pharisäern und Schriftgelehrten verraten habe. Euch aber ist Mein Verrat aus Mir Selbst zum Leben, wie er denen war zum Tode; denn wie sich denen verriet die ewige Liebe zum Gericht und zum Fall, ebenso verrät sich euch dieselbe ewige Liebe zum Leben und zur ewigen Auferstehung. Das aber ist der Grund und die verborgene, unergründliche Weisheit der ewigen Liebe, dass der Fall und der Tod euch ward durch das große Ich zum Leben und zur Auferstehung. Amen. Das sagt der Ich vom Tode zum Leben. Amen.

Kapitel 5

Vier Fragen in Bezug auf den Mond

Am 3. Juni 1841

a) O liebevollster Herr und Heiland! Wie verehren Dich die Mondmenschen? Bilden sie unter irgendeinem sichtbaren Oberhaupt eine Kirche, einen Staat?

b) Wie erziehen sie ihre Kinder?

c) Für was halten sie unsere Erde, und wissen sie, dass Du auf Erden Mensch geworden bist und durch Dein bitteres Leiden und Sterben hinwegnahmst die Sünden der Welt?

d) Wie bewirkt der Mond das Schlafwandeln oder den Somnambulismus?

1. Ihr könnt alle diese Fragen auf der Erde selbst bis auf einen Buchstaben erfüllt sehen, und zwar aus diesem Grunde, weil zwischen den Menschen der Erde und denen auf dem Mond in geistiger Hinsicht kein wesentlicher Unterschied ist; denn wie euch schon ohnehin bekannt ist, sind die Mondbewohner nichts als zu bessernde Menschen von der Erde und bringen wie jeder andere Geist ihre Werke mit sich. Dass aber die Werke dieser Mondübersiedler gerade nicht von der besten Art sind, besagt ja schon hinreichend solche Transcension [Versetzung].

2. Wollt ihr nun Meine Verehrung von Seiten der beiderseitigen Mondbewohner erfahren, so macht einen Blick auf das weltsüchtige Volk dieser Erde selbst, und ihr werdet einen getreuen Spiegel finden, der euch zeigen wird, wie zum größten Teil Meine Verehrung bei den Bewohnern des Mondes sich gestaltet.

3. Was tun hier die Weltsüchtigen? Welche Ehre erweisen sie Mir, und mit welchem Lob entrichten sie Mir den gebührenden Zoll? Verwenden diese Weltlinge nicht alle ihre Sorgfalt auf ihren Dreckkasten? Die einen sind immer emsig besorgt, mit welchen Fetzen sie den Schmeißhaufen des Geistes umhüllen sollen. Wieder andere sind besorgt, was all für wohlschmeckende Speisen sie sich bereiten sollen, um dieselben dann in den Magen, als der wahren Werkstätte des Todes, hineinzuschieben. Wieder andere sind besorgt um ein prächtiges Haus, um eine schöne, glänzende Einrichtung, weiche Stühle und Sofas, glänzende Tische und überaus weiche Betten, um auf denselben desto leichter und bequemer am Tag wie bei der Nacht zu faulenzen und ja sorgfältig Acht zu geben, dass ihr innerer, allergeliebtester Freund Magen ja nicht etwa irgendeinen beleidigenden Druck oder etwa gar eine etwas schmerzhafte Quetschung erleiden möchte. Auch fürchten sich diese Magenfreunde ganz vorzüglich vor den Strahlen der Sonne, aus welchem Grunde sie dann wieder Sorge tragen, dass ja nicht zu viel Sonnenlicht durch die Fenster ins Zimmer fällt, welche darum auch mit allerlei Fetzen behangen sind. Merkt ihr nicht, dass solche Menschen schon hier eine leise Verwandtschaft haben mit den Höhlenhockern des Mondes, welche, weil sie sich keine solchen Prachthäuser mehr errichten können und ihre Fenster mit Fetzen zu behängen nicht mehr imstande sind, dafür vor den Sonnenstrahlen in ihre Höhlen fliehen und dort ebenfalls bis zum späten Nachmittag verweilen, gleich den sich Bequem- und Guttuern auf dieser Erde, welche da aus ihren Zimmern in wohlgepolsterte und schwingende Wägen steigen, um eine der Gesundheit des Leibes nach ihrer Meinung wohl förderliche Bewegung zu machen. Und wieder andere gibt es auf dieser Erde, die kein anderes wichtigeres Geschäft kennen als den Geld- und Sachwucher. Und wieder andere gibt es, die keine anderen Gedanken haben, als sich auf jede mögliche Art zu

putzen, welche Sorgfalt ganz besonders vom weiblichen Geschlecht gehandhabt wird, und zwar in der redlichen Absicht, irgendeinen jungen, unerfahrenen Menschen dadurch hinters Licht zu führen und ihn nach der Klafter zu betrügen. Denn so eine Jungfer erkennt ihren wahren inneren Wert und aus diesem heraus auch den Wert des Nebenmenschen, fragt euch selbst, wird sie sich wohl auch da also putzen, um jemanden durch sich selbst zu betrügen und tun gleich den Juden, welche das schlechte Metall putzen, um es den Narren als Gold zu verkaufen? Ich sage: Solches wird sie nicht tun, da sie wohl erkennt, dass sie kein falsches, sondern ein echtes Gold ist, wozu es auch keines Narren, sondern eines Verständigen bedarf, der das Gold alsobald erkennen wird, und wird es nehmen um den gerechten Preis. Und seht, Ich könnte euch noch eine Menge solcher Weltlinge aufführen; allein es ist zur Erleuchtung der Sache nicht nötig.

4. Ihr wisst, wie Ich einstens gesagt habe, dass sich da niemand sorgen soll, was er essen und trinken werde, so auch nicht um das Kleid des Leibes, sondern suchen einzig und allein Mein Reich und dessen Gerechtigkeit, welche ist Meine große Liebe zu denen, welche Mich ebenfalls, so wie Ich sie, über alles lieben. Wie ist dann Meine Verehrung beschaffen bei jenen Menschen auf dieser Erde, von denen die bessere Art im Durchschnitt des Tages dreiundzwanzig Stunden zur Pflege ihres Leibes verwendet, Mich aber kaum mit einer zerstreuten Stunde abfertigt? Heißt das wohl das Reich Gottes suchen? Ich sage euch: Die Frösche in den Pfützen und die Maulwürfe in der Erde könnten euch gar wohl als lehrende Apostel dienen, denn wahrlich, der Frosch quakt die meiste Zeit des Tages in seiner Freude über das empfundene Leben in seiner Pfütze und lobt Mich dadurch unbewusst in seiner quakenden Freude für den Besitz des Lebens; und der Maulwurf erkennt und bahnt sich in der finsteren Erde seine Wege, und seine Arbeit und seine lautlose Ruhe

ist ein stiller Lobgesang, durch welchen er unablässig Mich, seinen Schöpfer, preist.

5. Aber der Mensch, für den Ich alles erschaffen habe, für den Ich so Großes getan habe, noch jetzt tue und ewig tun werde, ja für den Ich unablässig sorge und alle Meine Weisheit und Liebe für ihn verwende, mehr denn ein liebeerfülltester Bräutigam für seine allergeliebteste teuerste Braut, dieser Mensch findet im Tag nur kaum eine Stunde für Mich, und diese noch dazu nur so, wie eine liederliche Köchin oft ganz gedankenlos ein Salz in die Speise wirft, weil sie dergleichen zu tun schon gewöhnt ist, oder um doch wenigstens sagen zu können, sie habe die Suppe gesalzen, wenn diese öfters auch nicht besser schmeckt als ein pures, laues Wasser ohne Öl und Salz! Wahrlich sage Ich euch, durch eine solche Verehrung wird euer Gott nicht fetter und dadurch euer Leben selbst auch nicht kräftiger werden; denn das Leben eurer hölzernen Haus- und Zimmerkruzifixe, welche euch körperlich die große Erbärmlichkeit anzeigen, wie sehr eure Verehrung und euer Gottesdienst dem der Juden gleicht, welche doch wenigstens den Lebendigen ans Kreuz geschlagen haben, während ihr zu dieser Arbeit lang zu faul und zu lau wärt und euch begnügt, dass euch jemand eine solche schon vollbrachte hölzerne Kreuzigung verkauft, welche dann auch vollkommen geeignet ist, an Meiner statt die Atome eurer Verehrung anzunehmen. O ihr Toren! Das geformte Holz oder Stein oder Metall verehrt ihr also, wie der Hund verehrt einen Eckstein, den ein Vorgänger schon beschnüffelt hat, und drückt eure Lippen an das Holz und meint, wenn ihr dabei noch ein sogenanntes Vaterunser und Ave-Maria geplappert habt, oder wenn ihr in einer Kirche, aus Steinen gemacht und voll Schnitzwerk, etwa eine Stunde gedankenlos und geputzt, mit einem vergoldeten Gebetbuch in der Hand, zugebracht habt, ihr hättet Mir gedient und Mich etwa verehrt über Hals und Kopf. O ihr Toren! Meint ihr denn, Ich sei im Holz oder

im Stein oder im Metall oder in anderem eitlen Schnitzwerke aus den Händen der Tischler und Bildhauer, Drechsler, Schlosser, Schmiede, Maurer und Maler? Wahrlich sage Ich euch: Alle solche Verehrer, wenn sie sich hier auf dieser Erde nicht eines anderen bedenken werden, werden dereinst hübsch lange im Mond müssen in die Schule gehen und alldort unter großen Mühseligkeiten geistig und oft auch körperlich erfahren müssen, dass der lebendige Gott durchaus kein Wohlgefallen hat an einer solchen unsinnigen Verehrung, die viel schlechter ist als jene der blinden Heiden, welche ihrem Abgott wenigstens aus Furcht, wenn schon nicht aus Liebe, ein ernstes Opfer bringen, wogegen ihr Mich, den lebendigen Gott, verehrt, als wäre Ich entweder gar nicht oder als wäre Ich im Ernst nur von Holz oder, wenn's etwas besser geht, entweder neu- oder altgebacken aus Mehl.

6. Wollt ihr nun wissen, worin die Verehrung Gottes bei den Mondmenschen besteht, sowohl auf der geistigen als leiblichen Seite dieses Weltkörpers, so sage Ich euch, dass die alldortige Verehrung in nichts anderem besteht als darin, dass die Menschen alldort erst nach und nach erlernen, worin die wahre Gottesverehrung besteht, welcher Erlernung zufolge sie dann Gott im Geiste und in der Wahrheit, und zwar in sich selbst, zu verehren anfangen, aber nicht so, wie ihr des Tages einstündig nur, und selbst da noch dazu überaus lau im Holz und allerlei geistig gepriesenen Torheiten. Auch besteht die Verehrung Gottes alldort darin, dass diejenigen, die hier ihrem Leib dreiundzwanzig Stunden lang im Tag wohlgetan haben, dort durch lange Zeiten müssen solche extrafeine leibliche Wohltaten entbehren lernen, sich bis in die innerste Faser des Lebens verleugnen und alles einzig und allein von Mir erwarten und müssen ihren Glauben oft durch die vielfältigsten und schwersten Prüfungen immerwährend als lebendig bekennen, aber nicht wie ihr, die ihr entweder gar keinen Glauben habt, oder, so ihr schon einen habt,

so umfasst dieser Mich, den lebendigen Gott, mit eben der kleintraulichen Kraft, mit welcher er umfasst ein hölzernes, schlecht geformtes Kruzifixlein.

7. Und so dadurch die erste Frage beantwortet ist, so beantwortet sich die zweite von selbst; denn wo Ich entweder äußerlich durch dahin gesandte Engel und innerlich Selbst als Lehrer auftrete, da bedarf es keines kirchlichen wie auch andersartigen Oberhauptes, woraus auch ihr ersehen könnt, dass derjenige, dem Ich zum Lehrer geworden bin, aller anderen oberhäuptlichen oder nichtoberhäuptlichen Lehrer gar leicht entbehren kann, besonders wenn das Oberhaupt viel mehr ein goldenes denn ein geistiges ist. Und so bildet der ganze Mond nichts anderes als einen geistigen Korrektionsstaat unter Meiner alleinigen Leitung.

8. Nach dieser inneren Lehre werden auch ihre Kinder erzogen, und ihr einziges Bedürfnis ist die Liebe und aus dieser heraus der Glaube, nach der Lehre der Geister, dass Ich ein Mensch bin und habe solche Natur leiblich auf der Welt, von der sie ursprünglich abstammen, angenommen, um alle Menschen nicht nur allein auf der Erde und dem Mond zu beseligen, sondern auch alle, die in den endlosen Räumen auf zahllosen Weltkörpern Zerstreuten in ihrer Art zu versammeln und unter dem Kreuz der Liebe auch für sie eine bleibende Stätte zu errichten. Seht, das ist das Ganze der Religion und Gottesverehrung auf dem Mond.

9. Darum aber müssen dort die Männer ihre Weiber herumtragen, auf dass sie durch ihre sie stets drückende Last von ihrer sinnlichen Fleischeslust geheilt werden. Wahrlich sage Ich euch: Es dürfte auf der Erde ein König in seinem Staat allen den Wollüstlingen solche unerlässliche Pflicht auferlegen, dass, so ein solcher Wollüstling mit einer Dirne gebuhlt hat, er dieselbe dann durch ein ganzes Jahr auf seinem Rücken herumschleppen müsste und müsste sie behalten also Tag und Nacht,

entweder liegend, sitzend, stehend oder gehend. Fürwahr er wird durch diesen Zeitraum des süßen Fleisches gewiss also satt werden wie ein Schleckbube nach dem Genuss des Honigs, durch welchen er seinen Magen so beschwerend verdorben hat, dass er nach der Wiederherstellung seines Magens sich vor dem Honig noch mehr fürchtet als vor der stechenden Biene.

10. Freilich ist dieses hier nur gesagt zum erschaulicheren Zeugnis für den Mond und mag auf der Erde, da der Mensch in seiner vollsten Freiheit ist, nicht wohl angewendet werden, weil die Strafe wohl das Fleisch auf eine Zeitlang bessert und zur Ordnung bringt, aber gar nicht die Seele und noch viel weniger den freien Geist, – daher in dem Mond solche Handlung auch nicht als Strafe, sondern nur als innigste, bessere Liebe stattfindet.

11. Die Frage, was die Mondbewohner von der Erde halten, ist nach alldem ganz überflüssig. Denn diejenigen Bewohner, die vermöge ihrer diesseitigen Stellung auf dem Mondkörper die Erde sehen könnten, sind Geister und können das Materielle nur auf dem Wege geistiger Entsprechungen erschauen; die Jenseitigen aber bekommen die Erde ja ohnedies nie zu Gesicht und kennen dieselbe nur geistig.

12. Was die letzte Frage betrifft, so ist euer Begriff ganz irrig, als bewirkte der Mond solches Schlafwandeln; solches wird nur bewirkt um die Zeit des Vollmondes durch das intensiver werdende magnetische Fluidum der Erde selbst. Denn wenn der Mond im Volllicht der Sonne ist, so treibt das Licht das magnetische Fluidum vom Mond gewisserart wieder zur Erde zurück, auf welche Weise dann die Erde vollgeladener wird, und Menschen, die in ihrem Blut mehr Metall haben durch verschiedene Einwirkungen, entweder des Wassers, der Luft oder der Esswaren, haben dann auch die natürliche Fähigkeit in sich, ebendieses zurückströmende Fluidum leitend aufzunehmen.

13. Wenn ihre Nerven dann dadurch angefüllt werden und dadurch die Seele lästig zu drücken anfangen, dann erwacht diese, oder sie macht sich vielmehr los von ihren leiblichen Banden und will dem drückenden Leib entfliehen. Der Leib aber besitzt einen ganz eigentümlichen Nervengeist, welcher fürs Erste höchst verwandt ist mit dem magnetischen Fluidum, auf der anderen Seite aber ebenso innigst mit der Seele, welche eben durch diesen Nervengeist mit dem Leib zusammenhängt und mit demselben korrespondiert. Wenn die Seele dann sich aus dem Staub machen möchte, so erweckt sie dann auch den ihr innigst verbundenen Nervengeist und dieser natürlicherweise den Leib, und so geht dann der sogenannte Schlafzug also vor sich, als wenn drei Menschen hintereinander hergingen, die aneinandergebunden wären; jedoch der Geist bleibt in der Seele, darum sie auch lebendig ist. Wenn dann ein solcher Schlafwandler sein Gesicht gegen den Mond wendet und oft auf Dächer und Kirchtürme steigt, so geschieht das darum, dass er sich aus der magnetüberfüllten Tiefe der Erde erhebe und dadurch vermindere seine drückende Überfülle dieses Fluidums, damit dann der Leib wieder geeignet werden möchte, seine Seele mit dem Geist durch den Nervengeist wieder aufzunehmen und zu beherbergen. Wenn der Leib nun wieder frei geworden ist, so trägt ihn die Seele durch den Nervengeist wieder an die vorige Stelle zurück und vereinigt sich daselbst erst vollends wieder mit dem Leib. Natürlicherweise weiß nun die Seele nichts von dem Zustand, weil sie kein Gedächtnis hat, welches von den Philosophen irrig als ein Seelenvermögen erklärt ist, während die Seele nur das weiß, was sie eben erschaut, und die Erinnerung der Seele im Leib nichts ist als ein wiederholtes Wiederschauen der entsprechenden naturmäßigen Eindrücke des künstlichen Organismus des Leibes, zu welcher Anschauung sie freilich erst durch die entsprechenden zahllosen Formen, welche der Geist in sich trägt, von selbem erweckt wird.

14. Nun wisst ihr alles bis auf die eigentliche Wesenheit des magnetischen Fluidums selbst. Was dieses ist und worin es besteht, darüber jedoch, um es eurem Verständnis näherzubringen, lässt sich mit wenigen Worten nichts Genügendes sagen; denn mit wenig Worten auf dem Wege der Weisheit würdet ihr es schwerlich je erfassen, und für viele Worte seid ihr schon zu müde.

15. Daher erwartet für die nächste Gelegenheit diesen nicht unwichtigen Nachtrag, mit welchem diese Aufgabe erst als beendet anzusehen sein soll! Und somit für heute amen! – Ich, euer Vater. Amen!

Kapitel 6

Nachtrag über das magnetische Fluidum

Am 5. Juni 1841

1. Wenn ihr die Dinge vom Kleinsten bis zum Größten betrachtet, wie sie sind der Form und der Gediegenheit nach, einander mehr oder weniger ähnlich und auch mehr oder weniger von ein und derselben Beschaffenheit, so entdeckt ihr an ihnen das euch zuerst in die Augen fällt, und dieses ist die Form. Nehmt ihr ein oder das andere Ding in die Hand, so wird euch das Gefühl alsbald bekanntgeben, ob die betastete Sache mehr oder weniger gediegen ist. Nehmt ihr eine Sache um die andere in die Hand, wovon jede vom gleichen äußeren Umfang ist, so werdet ihr da noch einen dritten Unterschied erkennen, nämlich den des spezifischen Gewichtes. Wenn ihr aber nun die Festigkeit der Körper prüft, so werdet ihr nicht selten finden, dass die weniger festen Körper spezifisch schwerer sind als die ganz festen. So z. B. ist ein gleiches Volumen flüssigen Silbers bei weitem schwerer als dasselbe Volumen des allerfestesten Eisenstahls, und dergleichen noch gar viele Beispiele.

2. Ja selbst Dinge von ein und derselben Art, wie z. B. das Wasser, sind sowohl unter sich als auch unter ihren verschiedenen Temperaturzuständen bei gleichem Volumen gewichtuneins; so z. B. ist ein Tropfen Regenwasser leichter als ein Tropfen aus einem Brunnen oder aus irgendeiner anderen Quelle; so auch ist ein warmer Tropfen leichter als ein kalter, ein gefrorener Tropfen ebenfalls leichter als jeder andere Wassertropfen.

3. Dieselben Unterschiede mögt ihr in allen Dingen antreffen. Wie verschieden erst die Arten und Gattungen und die Abstufungen von beiden in jeder Hinsicht sowohl der Form, der Gediegenheit und Festigkeit

und Schwere sind, da braucht ihr nur einen Blick auf all die Dinge zu richten, so werden sie euch ohne Verzug überlaut zurufen: „Sieh, Forscher, wie unendlich verschieden wir sind! Und doch beruht unser Sein auf ein und demselben Gesetz, und wir alle sind aus ein und demselben Stoff! Und doch sind wir unter uns so, dass fast keines dem anderen vollends gleicht, sowohl in der Form, Gediegenheit, Festigkeit und Schwere!"

4. Dieses jetzt Vorausgeschickte ist eine notwendige Vorleitung, ohne welche ihr das Nachfolgende kaum begreifen würdet, weil ihr euch hier schon werdet gefallen lassen müssen – bevor wir noch zu der eigentlichen Erklärung des sogenannten Magnetismus gelangen werden –, einige kleine Nüsse aus der Sphäre der Weisheit zu verschlingen, ohne welche für euer Verständnis die Sache unmöglich für alle Zeiten gründlich dargetan werden kann.

5. Um also von eurer Seite der Sache auf die Spur zu kommen, wie von Meiner Seite euch auf die rechte Spur zu leiten, ist es vor allem nötig, dass ihr einen Blick auf die endlose Vergangenheit werft.

6. Denkt euch jene Periode, in welcher im unendlichen Raum noch kein Wesen außer Mir weder geistig noch viel weniger materiell irgendein sich darstellendes Dasein gegen ein anderes hatte!

7. Woraus bestand da der endlose Raum, und wohin floss die Zeit, in welcher dieser endlose Raum ewig bestand?

8. Was war Mein Sein vor allem Sein, und wie ist alles Sein aus diesem einzigen Sein entstanden und hervorgegangen?

9. Was ist nun der Raum? Was im selben das Ursein Meiner Selbst? Und was das zeitgemäße Sein im endlosen Raum in Mir, aus Mir und neben Mir?

10. Seht, so äußerst schwierig diese Fragen, freilich nur aus der untersten Stufe Meiner Weisheit, in Hinsicht auf eine genügende

Beantwortung zu sein scheinen, ebenso leicht aber auch sind sie im Anbetracht der zu erklärenden Sache selbst.

11. Ein kleines Beispiel, von euch selbst abgenommen, soll euch diese Fragen erläuternd beantworten. Jemand von euch hätte lange irgendeinen Gedanken schon in sich herumgetragen; weil ihm dieser Gedanke gefällt, so gesellt er zu diesem Grundgedanken noch einen zweiten, nämlich, ob sich der Grundgedanke nicht ins Werk setzen ließe. Dieser zweite Gedanke findet alsbald die Möglichkeit; aber zur Realisierung des Zweckes ist noch ein dritter Gedanke nötig, der zwar schon in den zwei ersten Gedanken enthalten ist, und dieser ist und besteht in nichts anderem als in dem einzigen Fragewörtchen „Wie?". Nun seht, diese drei Fragen sind gestellt, und eine beantwortet die andere; aber mit dieser gegenseitigen Beantwortung ist die Sache noch nicht fertig, ja auch nicht einmal angefangen. Daher treten diese drei Hauptgedanken in einem Rat zusammen und befragen sich um das wichtige „Warum?". Und nach kurzer Beratung sagt der erste Grundgedanke: „Weil es etwas ist, das mir vollkommen ähnlich ist!" Der zweite Gedanke sagt: „Weil es eben aus dem Grunde ausführbar ist, weil der erste Gedanke dadurch mit sich selbst in keinem Widerspruch steht, so er sich, wie er ist, seiner selbst wegen manifestieren will!" Und der dritte Gedanke sagt: „Weil in dem Grunde, der sich selbst manifestieren will, das Hauptmittel zur Realisierung liegt, und zwar aus dem Grunde, weil der Gedanke in seinem Fundament sowohl mit sich selbst wie mit allen seinen Teilen sich nirgends widerspricht!"

12. Nun seht, euer Gedanke wäre dieser, dass ihr möchtet auf irgendeinem Platz ein Haus erbauen. Werdet ihr euch nicht das Haus zuerst nach allen seinen Teilen in eurer Phantasie so vorstellen, wie ihr es gerade am liebsten haben möchtet? Wenn ihr nun das Haus in eurer Phantasie aufgebaut habt und habt recht viel Freude an diesem

Phantasiegebäude, werdet ihr euch da nicht fragen, ob denn in allem Ernst euer Phantasiegebäude nicht in der Wirklichkeit auszuführen wäre? Und so ihr anders nicht ein Haus in der Luft erbauen wolltet, wird euch der zweite Gedanke ja augenblicklich die Möglichkeit der Realisierung eures Baugedankens zeigen; und somit wärt ihr in zwei Punkten aus dem Grunde einig, weil der erste Gedanke keinen Widerspruch in sich enthält und somit schon in sich selbst den zweiten bedingt.

13. Was jetzt folgt, ist das „Wie?", d. h. „Durch welche Mittel?". Das erste Hauptmittel ist die Möglichkeit selbst. Das zweite Mittel ist der mit der möglichen Realisierung des Ganzen verbundene Zweck; denn es kann niemand mit einer zu realisierenden Sache einen Zweck verbinden, bevor er nicht darüber im Reinen ist, dass die Sache selbst möglich ausführbar ist. Das dritte Mittel ist nun das Material und die zur entsprechenden Gestaltung desselben genügende Kraft. Habt ihr nun dieses alles beisammen und seid ihr vollkommen Herr eures Platzes, was soll oder was könnte euch da wohl noch hindern, euren Hauptgedanken in die sichtbare Wirklichkeit übergehen zu lassen?

14. Nun seht, in kurzer Zeit werdet ihr euren Gedanken vor euch bleibend erblicken, weil ihr alle Bedingungen zur Realisierung gefunden habt; denn ihr habt ja Material und habt bauende Kräfte und habt Vermögen.

15. Aber wenn ihr zurückseht auf Mich als den ewigen, großen Hauptgedankenträger und unübertrefflichen Großbaumeister, der den unendlichen Raum mit zahllosen, überaus großen und kunstvollen Gebäuden angefüllt hat, so werdet ihr euch doch im Vorübergehen ein wenig fragen müssen: „Woher hat denn der große Baumeister aller dieser zahllosen großen Dinge das Material genommen?"

16. Wenn ihr euch an die Weltgelehrten wendet, welche wirklich sehr pfiffig sind, die werden es euch mit der größten Leichtigkeit an den

Fingern herzählen, und es werden einige sagen: „Die Materie ist ebenso alt als Ich Selbst und somit ewig." Nun seht, da haben wir ja ein leichtes Stück Arbeit und können bauen nach Belieben! Der einzige unerklärliche Umstand wäre dabei nur dieser, wie Ich es da mit dieser ungeheuren, ewigen Vorratskammer der Materie angefangen habe, um bis auf die gegenwärtige Zeit zahllose Dinge herauszudrechseln, und wann Ich eigentlich angefangen habe, dass Ich bis auf die gegenwärtige Zeit mit der Unendlichkeit fertig geworden bin. Setzt nicht jedes Ding einen Anfang voraus?

17. Fragt euch aber so ein wenig nur, ob, so ihr ein Ding nach dem anderen rechnet, die unendliche Zahl auch einen Anfang hat? Das aber besagt ebenso viel, als dass Ich nie etwas zu erschaffen habe angefangen; wenn es aber also wäre, was und woher wären denn hernach die Sonnen, Welten und all die anderen zahllosen Dinge, an deren Dasein ihr doch sicherlich nicht zweifeln werdet?!

18. Seht, diesem Pfiffikus von einem Wegweiser werden wir nicht folgen können, weil sein erster Grundgedanke voll des Widerspruchs ist, und somit der zweite und dritte von selbst hinwegfällt.

19. Ein anderer aber sagt: „Ich habe mit einem Wort das ewige Chaos zurechtgebracht und habe aus ihm geformt und geordnet alle Dinge." Es muss euch auf den ersten Blick die vollkommene Ähnlichkeit zwischen der ersten und der zweiten Behauptung auffallen; denn was wäre das Chaos anderes als eine schon ewig vorhanden gewesene Materie, vermöge welcher Ich kein Schöpfer, sondern ein barer Handwerker hätte sein müssen! Und wie reimt sich auf der anderen Seite ein ewiges Chaos und Meine ewige Ordnung nebeneinander? Aber vielleicht weiß noch irgendein dritter einen klugen Ausweg?

20. Gebt nur Acht, wir haben schon wieder einen, der da behauptet, Ich und die Materie seien ein und dasselbe. Diese Behauptung hätte

gerade eben keinen Ungrund; nur eines dabei dürfte euch etwas schwer einleuchtend werden – und das zwar insofern, als ihr Mich nur als einen Geist voll Kraft, Macht und Leben erkennt, der in Sich durchaus in der allergrößten Freiheit ist und auch sein muss, da ihr als Seine Geschöpfe schon frei seid und noch unendlich freier werden könnt –, wie denn dieser allerhöchst freie Geist voll Kraft und Leben Sich mag in zahllosen leb- und kraftlosen Steinen und anderer toten Materie als Solcher Sich manifestierend befinden? Wahrlich, wer solches einleuchtend erweisen könnte, der müsste noch eine viel unendlichere Weisheit besitzen als Ich Selbst! Allein von einer solchen Überflügelung werdet ihr etwa für die ganze Ewigkeit wohl nichts zu befürchten haben, und zwar aus dem Grunde, weil die Weisheit aller zahllosen vollkommensten Engelsgeister gegen die Meinige sich gerade so verhält wie ein unendlich kleines Atom gegen den unendlich großen Raum, dessen Anfang nirgends und dessen Ende nirgends ist!

21. Ich brauche euch nicht mehrere superkluge Wegweiser anzuführen; denn da ist einer gegen den anderen nicht um ein Haar klüger. Aber weil die Dinge doch da sind, wie ihr sie seht, Ich aber und die Dinge nicht eins sind, sondern da Ich bin, wie Ich bin als Gott von Ewigkeit, und die Dinge sind, wie Ich sie aus Mir, in Mir und dann neben Mir erschaffen habe, so wird es etwa doch der Mühe wert sein, zu erfahren, wie solche Dinge denn aus Mir, in Mir und neben Mir erschaffen worden sind.

22. Nun hört denn! Mögt ihr euch nicht verschiedenes wohlgeordnetes Gutes und daher Zweckdienliches denken? O ja, das könnt ihr allerdings; nur weil ihr selbst endlich seid und unmöglich gleich Mir unendlich sein könnt, so sind auch eure Gedanken, wie ihr selbst, der endlichen Zahl untertan. Meine Gedanken aber sind in ein und demselben Augenblick in größter Klarheit wie Ich Selbst Meinem Gottwesen nach. So Ich nun will, dass Meine Gedanken bleiben, so ist auch das Werk

schon fertig; und demnach sind alle die euch sichtbaren Werke wie ihr selbst weder Materie noch geformtes Chaos, noch Gott in der Materie, sondern sie sind festgehaltene Gedanken von Mir.

23. Nun, sind also diese Meine gehaltenen Gedanken nicht aus Mir, in Mir und neben Mir? Aus Mir, weil sogar ihr aus niemand anderem als aus euch selbst denken könnt; um wie viel weniger erst Ich, da es außer Mir keinen zweiten Gott gibt, aus dem Ich Gedanken holen könnte! Dass diese Gedanken daher auch in Mir sind und unmöglich in irgendjemand anderem sein können, bedarf keines Beweises. Dass aber diese Werkgedanken, obschon sie aus und in Mir sind, aber doch neben Mir bestehen, werdet ihr daraus hoffentlich überaus klar entnehmen können, da ihr doch schon bei euren Gedanken sagen müsst, dass ihr und der Gedanke nicht ein und dasselbe seid, – aus welchem Grunde denn umso mehr Meine Gedanken nicht Ich, sondern nur Meine Gedanken sind.

24. Was aber nicht Ich ist, das ist aus dem Ich, und weil nicht dasselbe, sondern nur von demselben Hervorgebrachtes, also auch im selben neben demselben. Ihr müsst euch das „neben" hier nicht also vorstellen wie einen Baum neben dem anderen, welches sehr unrichtig ist, da ein Baum eigentlich nur außer dem anderen ist. Also ist es nicht bei dem Denker und dessen Gedanken, da der Denker der Schöpfer des Gedankens ist, d. h., da er aus seinen ihm innewohnenden Fähigkeiten und diesen entsprechenden Vollkommenheiten eine zweckmäßige, ordnungsmäßig geformte Idee schöpft und somit er, als der tätige Schöpfer, und die aus ihm geschöpfte Idee nicht ein und dasselbe sind, sondern sind wie der Hervorbringer und das Hervorgebrachte, und daher nebeneinander. Wenn ihr darüber nur ein wenig nachdenkt, so werdet ihr dieses Wenige der Weisheit, insoweit es zu dem vorliegenden Zweck nötig ist, ja wohl leicht fassen.

25. Da wir nun alles Nötige vorausgeschickt haben, so wollen wir denn nun auch mit einem Hieb den gordischen Knoten des Magnetismus auflösen. Was ist also der Magnetismus? Hört, und dann auch ein wenig staunt! Der Magnetismus oder vielmehr das magnetische Fluidum ist in allem Ernst nichts anderes als Mein eigener, Meine Gedanken fortwährend erhaltender und leitender Wille; denn er erhält und leitet fürs Erste die ganze Schöpfung und erhält jedem euch sichtbaren Wesen seine Form und seine ordnungsmäßige Regsamkeit. Ihr selbst seid eurem formellen Wesen nach ihm für alle ewigen Zeiten untertan, und wärt ihr es nicht, so wärt ihr auch nichts, gleich den Gedanken, die noch nie gedacht worden sind! Aber in euch ist mehr als bloß Mein unendlich allwirkender Wille; und dieses Mehr ist, dass ihr Meine Lieblingsgedanken seid, und daher auch Meine Liebe, welche Mein eigenes Grundleben ist, in euch übergeht, und euch gleich Mir zu selbständigen Wesen bildet, welche, insoweit sie Meine Liebe – vermöge des ihnen voraus erteilten freien Willens – aufnehmen, auch dadurch zu dem vollkommensten, eigentümlichen Besitz der vollsten Freiheit durch ebendiese Meine Liebe in ihnen gelangen können.

26. Ihr wisst, dass zum sogenannten Magnetisieren ein fester Wille in der überzeugenden Kraft des Glaubens erforderlich ist, um jemandem auf diese Art zu helfen. Seht, da geschieht eigentlich nichts anderes, als dass der Magnetiseur entweder bewusst oder auch zum Teil unbewusst seine Willenskraft mit der Meinigen in Verbindung setzt und dann dieselbe durch die Tätigkeitsrepräsentanten seines eigenen Willens auf den Leidenden überströmen lässt, wodurch dann der Leidende gediegener, nach und nach fester und dadurch auch gesünder oder isoliert natürlich schwerer wird. Seht, da habt ihr im Grunde schon alles!

27. Diese Meine Willenskraft ist dasjenige große Band, das alle Weltkörper aneinander bindet und sie alle um- und durcheinander trägt. Sie

ist positiv, da sie tätig wirkt, negativ in der eigenen unwandelbaren Selbsterhaltung, welche aber ist die ewige Ordnung selbst, – gleich als wenn ihr sagt: „Bis hierher und nicht weiter!" Das „Bis hierher" ist das Gesetz der ewig fortwährenden Wirkung, und „Nicht weiter" ist der negative Pol oder das erhaltende Gesetz der ewigen Ordnung.

28. Und so ist eben dieser Mein also polarisierter Wille zugleich der Grundstoff aller Dinge, mögen sie wie immer beschaffen sein; ob sie groß, klein, gediegen, hart, weich, schwer oder leicht sind, so sind sie also nichts als Meine allerweisesten Gedanken und haben ihr körperliches, sichtbares Dasein durch die euch bekanntgegebene Polarisation Meines ewigen Willens.

29. Nun habt ihr alles! So ihr darüber nachdenken wollt, werden euch alle Erscheinungen sonnenklar werden! Aber alle weltlichen Erklärungen müsst ihr euch rein aus dem Sinn schlagen; denn wahrlich sage Ich euch: Sie sind der Wahrheit ferner denn ein Schöpfungspol dem anderen. Das sage Ich euch als der alleinige Urbesitzer des allerkräftigsten Magnetismus. Amen. Begreift es wohl! Amen.

Über diese Edition

Der Text dieser Edition entspricht dem der Erstausgabe (1852). Angepasst wurde lediglich die Rechtschreibung. Die Kapitelüberschriften wurden neu hinzugefügt. Anmerkungen oder Ergänzungen des Editors befinden sich in eckigen Klammern.

Bei der Überprüfung des Textes der 4. Auflage (2000, Lorber-CD) des Lorber Verlages wurden im Vergleich mit der Erstausgabe die folgenden inhaltlichen Unterschiede festgestellt:

„Einfügung" bedeutet, der Text in Klammern ist nur in der 4. Auflage vorhanden.

[5.3] Und wieder andere gibt es, die keine anderen Gedanken haben, als sich auf jede mögliche Art zu putzen, welche Sorgfalt ganz besonders vom weiblichen Geschlechte gehandhabt wird und zwar in der redlichen Absicht, irgendeinen jungen, unerfahrenen Menschen dadurch hinters Licht zu führen und ihn nach der Klafter zu betrügen. [Einfügung: Solches tut freilich keine rechtschaffene Jungfer.]

[6.12] Und so ihr anders nicht ein Haus in der Luft erbauen wollet, wird euch der zweite Gedanke ja augenscheinlich [Erstausgabe: augenblicklich] die Möglichkeit der Realisierung eures Baugedankens zeigen; und somit wäret ihr in zwei Punkten aus dem Grunde einig, weil der erste Gedanke keinen Widerspruch in sich enthält und somit schon in sich selbst den zweiten bedingt.

Den Originaltext der Erstausgabe in ursprünglicher Rechtschreibung finden Sie unter www.jakob-lorber.cc